늦가을
고구마처럼
웅크리고 있다

공감시선 22
늦가을 고구마처럼 웅크리고 있다
ⓒ 김영인, 2025

지은이_ 김영인

발행인_ 이도훈
펴낸곳_ 파란하늘
초판발행_ 2025년 9월 25일

사무실_ 서울시 서초구 법원로3길 19, 2층 W109호
　　　　(서초동, 양지원빌딩)
전　화_ 02) 595-4621, 010-6722-4621
팩　스_ 050-4227-4621
이메일_ flyhun9@naver.com
홈페이지_ www.dohun.kr

ISBN_ 979-11-94737-39-1 03810
정가_ 14,000원

김영인 시집

늦가을
고구마처럼
웅크리고 있다

파란하늘

머리말

삶의 여정 속에서
틈틈이 세월의 값을 치를 때마다
나를 덧붙여 시간의 흐름 속에 넣어 놓은
또 다른 내 모습

세상에 두 번째 얼굴을 내밀게 되어
한편으론 두렵고
또 한편으로는
한 사람이 세상에 존재하고 있다고
나를 조심스레 심어 놓는다.

차례

1부 장맛비 _ 11

2부 만삭나무 _ 34

3부 걸레질하면서 _ 57

4부 내 몸이 병이다 _ 78

5부 속눈썹의 일 _ 100

6부 백일짜리 달력 _ 124

1부
장맛비

장맛비

떠도는 영혼들
갈 길 잃어버리고
모여모여 지축을 뒤흔들며
요동친다

어쩌면 풀어내지 못한 울혈 된 슬픔이
관절 속으로 콕콕 스며들어와 울고 있다

떠나야 할 것
멈춰야 할 것들이
뒤엉켜 토해내는 눈물일 거야

이 세상 어디에선가
아프고 버림받은 이들이
조용한 반란을 일으키고 있는지도 몰라.

세 자매

세 자매는 엄마를 나누어 가졌다
각자 터울을 지키면서
옛날을 나누어 가졌다

우리는 조금씩 서로의 얼굴을 나누어 가졌다
그러나 성향이 다른 세 자매를
아버지는 가끔 별명을 붙여 부르곤 하였다

맏이를 왕눈이, 둘째를 달기똥,
셋째를 뒤웅박이라고 호명하면
물 흐르듯 조용한 집안이 한바탕 웃는다

세 자매는 웃음소리도 울음소리도 비슷하다
퍼즐처럼 흩어져 살고
지나간 일들 각자 나누어 보관하고 있지만
때론 모여 앉아 기억들을 섞기만 해도
즐거운 관계들이다

세 자매의 얼굴을 번갈아 들르는 어머니
맏이에서 셋째까지
언뜻언뜻 보였다 사라지는 어머니

어머니는 세 자매를 떠나고 있다

낭만주의 아버지

우리 아버지는 24년생
철도국과 미군부대에 오래 다녔지요
매일매일 쓰던 일기엔
꽃그늘과 바람결에 부치는 글이 있었고
비가 오면 추녀 끝 떨어지는
그 빗소리를 빗기거나
추적추적 현을 삼아 노래를 부르던

어린 우리에겐 낭만은 먼 곳
현실에선 자꾸 엄마가 짜증 내기도 했었지요
그런 우리는 모두 엄마 편을 들었지만
누가 뒤늦게 묻는다면 이젠 아버지
그 낭만 편도 마음에 든다고 말하겠어요

현실에서 지치면 가서 쉴
세상 걱정거리 없는 아버지의 낭만
오소소 빗방울 돋은 말이면 어때요

차곡차곡 쌓아 놓았다가
선물인 양 덜어주고 싶어요

막걸리 한 잔에 거나하게 취하면
애창곡 「낙화유수」를 부르던 아버지
이제 생각나요
그런 낭만이 그립기도 하고요

눈 내리는 속도

세상 답답한 일들
회색빛 구름이 꽉 막힌 일들
기억조차 먼 빛으로 가물거리는 일들
고요히 펄펄 내리는 눈의 속도에
모두 맡겨둘 일이다

높은 곳이건 낮은 곳이건 후미진 곳이건
모두 공평한 두께로 쌓이는
저 눈의 깊이에 맡겨둘 일이다

한 번쯤 뭉쳐 버리고 싶었던 일들
다 내다 버리고 싶었던 일들
발자국 하나 남기고 싶었던 일들도
다 저 눈의 높이에 맡겨둘 일이다

첩첩이 쌓인 골 깊은 일들
아쉬움으로 남아 늘 떠나지 못하고 있는 일들

미끄러운 내리막 혹은 오르막 같은 일들
짧은 햇살에도 금방 녹고 마는
저 눈의 반나절에 맡겨둘 일이다

그 많던 맑은 날
눈주름으로 눈가에 쌓였지만
직선의 각도도 없이
내리 꽂히는 일도 없이
쌓이는 저 눈의 속도를 한번
믿어볼 일이다.

가을볕을 솜틀하다

가을볕이 하도 좋아서
우기로 눅눅했던 이불을 넌다
이불 속으로 구름이 틀어져들고
바짝 마른 벼이삭 같은
사각거리는 소리들이 든다

아무리 가을볕을 넣어도
무겁지 않은
가을볕 솜틀법
뭉툭하게 굳은 뒤숭숭한 꿈자리들과
이곳저곳 뭉친 늦잠들이
보송보송 새로 부풀고 있다

이불을 너는 빨랫줄 사이로
긴 블라우스 안 속살을 따뜻하게 감싸는
가을볕의 온도가
꼭 엄마의 체온 같아서

높은 하늘을 한번 올려다보고
내 팔을 한번 만져본다

한 반나절만 널어놓아도
구름 몇 채는 거뜬히 들어가고
따가운 정오의 햇살과
수천 그루의 나무들이 흔들어 놓은
바람이 빵빵하게 들어찬다

시들었던 꽃무늬들도
생생하게 되살아나고
바늘땀을 따라 가지런하던 실밥들도
더욱 질겨질 것만 같다

모과

모과가 왜 울퉁불퉁 한지
그 이류를 아시나요
다른 열매들처럼 동그랗거나 매끈하지도
말랑말랑하지도 않고
꼭 공중에 이리저리 체인 모양인지 아시나요

한 섣달 열흘 끙끙 앓다 내놓은
근심 덩어리 같은 모과
자꾸만 툭툭 불거지는
억하심정을 닮은 남매들 같은 모과는
꽤나 공중의 속을 썩인 것이 분명합니다

그래도 단단하게 매달린 모과는
늦가을 쌀쌀한 중력을 실천한
박애주의자 같습니다
어느 집 고뿔에 걸린 기침소리를 귀에 걸고
예방주사 같은 주위를 다져 넣는

한밤중 잠결에 들리던
툭툭 모과 떨어지는 소리 끝엔
엄마의 겨울 골방이 덜컹 열리곤 합니다
그래도 씨를 발라내고
벌레 먹은 곳곳들 도려내면
한겨울 보글보글 끓는 향긋한 옛말이 됩니다

못생긴 모과들이지만
그건, 공중이 이리저리 쥐고
다독인 모습일 것입니다

봄나물

봄나물의 맛이란
아직 질겨지지 않고
연하디연한 봄날 햇볕 같은 맛이다

꽃을 준비하던 맛이고
마디를 고르던 줄기의 맛이다

지난해 흙의 편이 된 엄마가
이것저것 싸준 평상시 반찬 맛 같기도 한
봄나물의 맛
쓴맛은 엄마의 잔소리 같고
향긋한 맛은 엄마가 땋아주던
머릿결 같은 맛이 난다

쇠해지면 그 맛들 다 어디로 가고
계절을 끌고 들판을 끌고
씨앗들의 직파 방식인 늦가을로 간다

그런 쇠해진 것들의 마디에는
한겨울 바람이 들어 바르르 떨다 간다
그러려니, 그 질긴 맛이란
아직 흙의 편이 되기 전
엄마의 쓴 입맛 같으려나
엄마를 닮은 봄나물 무쳐먹은 봄
엄마 생각은 조금 쇠해졌으려나

손님

마당의 감나무 한 그루
빈 방처럼 세를 놓은 것도 아닌데
늦가을 울긋불긋한 손님이 들었다
봄엔 손님이 연둣빛으로 들었었고
초여름엔 담황색 감꽃이 또 한동안 머물더니
감꽃 진자리 다닥다닥 붙은 젖멍울이
감나무 진액을 제 몸 불리느라 바빴다

지금은 붉은 등 수십 개 밝혀놓고
늦가을이 북적인다
왜 저 붉은 등은 캄캄한 밤은 밝히지 못할까
어둠을 밝히는 등이 있는가 하면
계절을 밝히는 등불들도 있겠다 싶다
파란 풋감이 여름을 밝히더니
붉은 홍시들 늦가을을 밝히고 있다

올 때는 어린 시간이었고

지나갈 때는 떫은 철이었으며
다시 온 길을 돌아갈 때는
한없이 물렁하고 달콤한 시간인
감나무라는 저 민박집 한 그루

감잎이 한잎 두잎 떨어지는 초겨울이면,
거북이 등처럼 갈라진 감나무는 허물 벗고
짚으로 돌돌 말아 겨울옷을 입힌다
이른 봄부터 오실 연둣빛 손님맞이를 미리 하는 것이다

한자리에 터를 잡고
짐을 지어 거주한다고 해도
우리는 모두 어떤 것들의 길목인 셈이다

봄부터 늦가을까지 나는
감나무의 주인으로
바쁜 손님을 치러 내는 것이다

목련 동창회

비대면 시대
우르르 모여야 꼭 동창회인가
봄이니까, 얼맞은 목련나무 한 그루
동창회 모임처럼 화들짝 피면
무료를 간보던 낮달도
허공에서 뛰던 바람들도 조용히 참석한다

골목을 지나던 여고생들은
모두 목련나무와 낯이 익다
창문처럼 얇은 옛날을 흔들면
팽팽한 기억들은 또 창틀까지 흔들린다
한 장소에 모여 같이 깔깔대면 모두 동창이고
때마침 동창회지

봄엔 꽃송이 동창회들로
꽃나무들 발 디딜 틈이 없다
호호호 웃음소리 가득한 홍매화 나무

깔깔깔 웃는 명자나무 특실엔
또 십수 명의 명자들이 왁자지껄하고
그때나 지금이나 수줍은 듯
손끝으로 웃음 가리는 새침데기들은
목련 실에 모여 겹겹의 수다를 떤다
왜 꽃나무들은 유독
여자아이들 이름 같은지 알겠다
마냥 즐거운 꽃나무 아래엔
봄볕 동창회로 모였다

사진을 지우다

스마트폰 속 사진을 지우다 보면
비슷한 여러 장 중에서
가장 비슷하지 않은 것만 남겨두고
꼭 닮은 순간들을 가려 지운다
시차를 두고 웃음은 엷어지고
순간이 끼어든 얼굴엔
몇 겹의 주름이 지는데

몇 장의 얼굴들과 풍경들이
극약 같은 찰나다

이런 줄 알았으면 싫든 좋든
한 장만 찍을 걸 왜 같은 장면에
욕심을 두었던 것일까
흔들린 순간도 흐릿한 순간도
지우고 나면 그중 명징한 한때가 또 남겠지만
명확한 것일수록

회한이 되는 것을 또 잊고 만다

스마트폰 속 지나간 순간들은
쌓이고 또 쌓이지만 아무런 무게가 없다
천지에 피고 또 피는 꽃무리들은
좋은 날도 슬픈 날도 가리지 않고
저희들은 지우는 일로 바쁘지만

엄마는 가고
가려 남겨둔 엄마는
스마트폰을 나와 수직의 벽으로 자리를 옮겼다
회한의 벽이 넓다

얼굴의 역사

오래된 석불 등 중엔
자신의 얼굴을 잃은 경우들이 있다
빗물과 바람에 조금씩
나눠준 얼굴들엔 파릇한
이끼가 끼여 있다

천년이 지나가는 동안 석공이 새겼을
망치소리와 정으로 쪼은 자국을
묵묵히 지웠을 것이다
흐릿한 눈으로 바라보듯
저의 안목을 흐리게 했을 것이다
말잠자리 한 마리가 머리 위에 앉아도
야단칠 표정이 없으니 묵묵할 뿐이다
다만 흐릿한 웃음에선
매년 파릇한 이끼가 핀다

격동의 세월 속에서 한 세기를 사는 동안

다섯 남매에게 모두 내어주신 내 어머니
한 번의 기쁨이 있었다면
아홉 번의 고단함이 있었으리라
회초리를 들고 종아리를 치던 성난 얼굴도
가끔은 봄날은 간다 옛 노래를 부르며
아무도 모를 회환의 얼굴이 아직 선연하다

스무 살 여린 얼굴엔 고움이 있고
그 시대 치마저고리 입은 친구들 틈에
까만 코트에 하얀 장갑 위로 반지를 끼고 찍은 사진엔
모던한 신여성이었을 텐데
울고 성내고 웃음 짓는 표정도 없이
그저 무표정 하나로 자신의 얼굴을 버리는
가끔 고맙다, 문득 내 어머니 같은
저 얼굴의 역사
표정 없는 얼굴 하나 남겨두었다

2부
만삭나무

만삭나무

유월, 딱따구리 소리가
공중을 조각하면
나무들의 가임기가 시작됩니다
여기저기 감쪽같이 배부른 나무들이 섞여 있답니다
속으로 불러오는 배
오색 날개들이
배부른 나무들을 경계합니다

밖으로 불러오는 배가 없이도
숲엔 새 생명들이 태어납니다
나무들은 둥근 자궁을 빌려주고
딱따구리들은 오색의 체온을 넣어주며
따뜻한 알을 품습니다
그러고 보니 대부분의 새들은
나무에 고향을 두고 있습니다
바람의 요람을 타고 새들은
나무를 열고 공중으로 이소합니다

입덧도 없이 산파도 없이
유월의 숲엔
배부른 나무들이 있습니다

구근들

무성한 이파리를 걷어낸
땅속의 고구마는 작았다
그건 제 몸 하나 불리자고
곰곰 하지 않았다는 뜻이다
천지 사방으로 뻗어가려는 줄기들의 행적마다
새순 앞세워 놓았다는 뜻이다
그 많은 방향 보내느라
제 몸 축나는 줄 몰랐다는 뜻이다

그 크고 험악한 태풍의 중심도
겨우 눈 하나 뜬 크기라는데
온밤을 넘치게 한
그 푸른 줄기들의 힘치고는
꽤 괜찮은 편인 것이다
아무리 잘 살펴 헤쳐도
안 보이는 곳의 구근들에겐 찍힌
상처 하나쯤 있다

그냥 놓아두면 온 여름을 다 넘치게
고구마 한 알
단맛 나는 중심이었던 것이다

한줄기 서로 삼키듯 달린 구근들
포근한 흙 속에서 바깥으로 나오는 순간
뿔뿔이 흩어진다
내 부모가 그랬듯이
줄기가 뿌리 되고
뿌리가 줄기 되어 순환하고 있다
나는 늦가을 고구마처럼 웅크리고 있다

꼭지들의 수고

곶감 꼭지는
곶감만 매달고 있는 것이 아니다
흰 눈이 내린 듯 하얗게 분이 핀 겨울과
점점 쪼그라들면서 베어드는
단맛들까지 매달고 있다
사락사락 눈 내리는 소리도 없이
소복한 분이 핀다

초여름부터 매달고 있던
파란, 젖망울만 한 풋감
조락한 풋감들이 지붕을 때리던 소리들
하지만 풋감의 무게와
느닷없이 쏟아지는 빗줄기와
꼭꼭 쟁여 넣은 햇볕까지
꼭지가 놓지 않고 끌고 온 것들이
쪼글쪼글하게 남는다

마를수록 꼭지에 집착하는
곶감의 단맛은 사실,
꼭지의 맛일지도 모른다
마른 젖을 빨던 배고픈 아이의 입술이거나
한겨울 문밖을 입속에 넣고 우물거리던
할머니의 궁금증 같은 곶감들은
아마도 꼭지들 중에선 가장 길게
과육의 무게를 놓지 못하는
수고로운 꼭지일 것이다

꽃의 밝기

꽃들이 없는 겨울철엔
해가 빨리 진다
온 세상의 빛을 태양 혼자 비추려니
힘에 부친 것일까
그러고 보니 꽃들이 만발한 여름철엔
초저녁까지도 환하게 밝다

이른 아침부터 늦은 저녁까지
꽃에 기대어 있던 어스름과
푸르스름한 여명
꽃의 밝기가 책임지던 빛의 시간들
나는 한낮의 태양빛보다
나무들이 내려놓던 어슴푸레한,
밝지도 그렇다고 어둡지도 않던
그 시간이 좋다

마당에 멍석을 깔고

땀 뻘뻘 흘리며 칼국수를 먹던 시간
올려다본 하늘엔
부지런한 초저녁 별들이 떠 있었지
또 아침에 일어나면
바짓단을 걷어 올린 아버지의 종아리엔
논의 물꼬 터진 소리가
졸졸졸 났다

은폐술

간 밤에 내린 흰 눈은
은폐술의 대가다
죽은 고양이를 이불처럼 덮어주고
겨우내 쌓인 영하의 추위들과
폐가 같은 밤송이들을 지우고
이쯤이니 저쯤이니 하는 경계들을 지웠다

그 흰 눈 위에 발자국에는 사람이 없고
작은 설치류들의 발자국에는
새싹들인 양 끌린 것인지 아니면 끌고 간 것인지 모를
빨간 맨발들이 짧은 햇살에도 녹는다
또 고양이 발자국에는
아무도 모르는 꽃이 피어 있다는 사실을
초봄의 밤에 살짝 내린 눈이 알게 해주는 것이다

마치 올겨울에 내린 눈을
미리 연습이나 하려는 듯

짧게 내린 춘설의 은폐술도 짧다
오전 햇살에도 명명백백하게 드러내는
질척한 자백들로 바짓단이 젖고
그 자백으로 냉이꽃이 필 준비를 한다

발 시린 발자국들이 밤사이 오고 간
흔적들을 보여준 흰 눈의 곳곳마다
싹이 오르고 노랗거나 흰 꽃들이 필 것이다
감추려는 것과 들키는 것들
내 속에도 잉터리 은폐술사가 있다

햇살의 맛

바짝 마른 햇살에
구름 냄새와 파란 하늘 냄새가 난다
매운 고추와 사과의 단맛도
알고 보면 햇살의 맛이다

몇 년 묵은 항아리 속 발효들도
은폐의 시간이 만든 맛 같지만
알고 보면 잠깐 뚜껑 열어 놓고 햇볕 된 맛이다

콩이나 팥 같은 곡물들은
여름내 저장한 햇살을 겨우내 쓴다
따진다면 곡물들은 가장 먼 곳에서
자신들의 식량을 구하는 셈이다

충분히 햇살 받아먹었다 싶으면
곡물들은 씨앗이 된다
제 속에 꽉꽉 눌러 놓은 햇살로

봄부터 늦가을까지 초록을 먹여 살린다
온갖 초록이 넘쳐나는 들판이나 숲은
사람이 밥을 주지 않아도 잘 자란다
무성 식물 포자로 생식하는 버섯도
습하고 어두운 그늘진 곳에서
제 몸을 알아서 키운다

초가을 낮은 지붕 위에 널어놓은 고추가
빗질하듯 모은 햇살에 익어가고
이른 봄 햇살 쬐러 나와앉은 이웃집 할머니들에겐
햇살은 맛있는 기력이 된다

맨드라미

두꺼운 봄에 알에서 부화한 병아리들이
가을까지 몰려와 있다
움직이는 몸통과 얹힐 머리가 없는 붉은 벼슬들이
초가을 마른 벽에 꾸벅꾸벅 졸고 있다
깃털도 날개도 없이
두툼한 벼슬들만 모여 있다

한낮의 태양을 올려다보면
눈가엔 수탉의 깃털인 양 햇살이 눈부시다
오후가 되면 비스듬해지는
제 그림자보다도 낮은 맨드라미
어느 꽃이건 정상이 아닌 곳에서
꽃 피지 않은 적 없겠지만
툭 건들면 수탉 울음 길게 쏟아져
한바탕 나올 것 같다

긴 여름, 늦가을 다 지나도

꽃밭의 허전한 패장을 지키고 있다가
흰 서리 내리면 벼슬 뚝 땅에 떨어트리고
봄, 여름, 가을 세 계절 기억력을
한 겨울에 묻는다

무논

모내기 전
물 받아 놓은 논을 무논이라 한다지
곧 들이닥칠 초록을 두고
잠시 딴생각하듯 비어 있는 무논

탁하던 흙탕물이 가라앉고
맑은 물 고여 있지만
어린 모를 받아들이고 고정시키는 것은
다름 아닌 그 가라앉은 흙탕말물이라는 것

그러나 지금은 잠시 맑디 맑은
딴생각을 가두어 놓고 있다

잔잔한 수면 위로 물푸레나무 비스듬히 누워
그림자놀이하며 오수를 즐기고
불현듯 못자리 준비하시던 아버지 환영이 맴도는 무논

쓰일 곳 더 많은 월급을 받아들고
잠시 탕진과 낭비를 상상하듯
파르르 떠는 전깃줄과
물겹을 벗겨먹는 늦봄의 바람이 한가로운 무논

세상의 모든 작전들과 준비들이
저렇게 경건하다면
끝이라는 곳들, 결실이라는 것들 창대하겠지

아카시 꽃

달력보다 빠르게 야산을 따라
혹은 국도변을 따라
남쪽에서부터 오월과 유월이 온다

텅텅 빈 저녁 하늘 해 그림자를 따라
일정한 주소 없이 떠도는
붕붕거리는 벌을 앞 세우고
들판 어디쯤 천막을 치고
하모니카를 불던 오월
혹은 유월

저녁 어스름 끝 모닥불 피고
벌들을 모으던 하모니카 소리
시간이 지나고 어쩌다 맛본
아카시 꿀맛은 달면서도 짜릿한 뒷맛이었던가
소문으로 떠난 옆 마을 언니가 있었고
다음 해 배불러 집 찾아온 아카시 꽃 덤불이 있었던가

돌로 네 귀퉁이를 눌러 놓지 않으면 자칫,
날아가고 말 오월과 유월
어느 날 보면 흔적도 없이 떠난 흰 꽃무리들이 있었고
아카시 향이 두근두근 날렸다

명자나무 요일보고서

바람의 살이 볼에 닿는 감각이 달다
달콤한 바람에
탱탱한 맨살 뚫고 나오는 꽃봉오리 경이로운 월요일
뿌연 안개비 받아 나뭇잎에 토닥토닥 적시는 화요일
살짝 웃거름 주니 기포처럼 부푸는 꽃망울 가슴 벅찬 수요일
날아드는 벌과 나비에 휘파람 불며 재롱떠는 목요일
사랑하는 님 발소리에 다정한 낯빛으로 기다리는 금요일
한잎 두잎 지는 꽃잎을 보며 시름에 젖는 토요일
교회 종소리에 먼저 떨어진 꽃을 묵념하는 일요일

감자

땅속 깊이 몸 맡기고
긴 어둠 속을 조금씩 할고 토해내며
끈질기게 버티는 건 오직 뿌리
그런데 나는 어쩌라고
뿌리가 온몸일까
온몸으로 아프고
온몸으로 사랑하고
온몸으로 문을 닫는다

이 질긴 어둠 끝내고
바람을 만져 볼 수 있을까
마른 흙 사이로 겨우 기어올라와
제 살 찢어낸 아픔으로 허공을 만진다
눈부신 순백의 살갗이
황홀하게 아리다

3부
걸레질하면서

걸레질하면서

왜 하필이면 걸레가 되었을까
걸레질을 하면서 그의 길을 더듬는다

먼지와 찌든 때의 감정을 수습하고
구석구석 낀 생활을 확인한다
어디가 입이고 귀인지 알 수 없다
듣고도 절대 발설하지 않는다

당신이 가진 모든 바닥과 구석을 저장하고 있다

걸레라고 발음해 보아라
당신이 머물렀던 흔적과 체취가
불현듯 살아날 거다

그래서 지금 나는 부끄러움을 닦는 중이다
오체투지하는 자세로
구석구석 닦듯이 걸레질한다

천천히 오는 저녁

기다리는 것들은 천천히 오고
반갑지 않은 것들은 빠르게 온다

하루는 하루의 일생이 있어
아침부터 저녁 무렵까지가
온통 나이로 채워져있다

추억은 현재의 부정이라고 했듯
동시에 부양하는 뿌리의 수액과 같다고 했지만
웰 다이에 대해 생각하는 걸 보니
나의 하루는 저녁쯤 된 것 같다

그러니 달력 속의 숫자들처럼 연결된 것이 아니다
한 달은 적게는 28일
많게는 31일
새롭게 살다 간다
비 오는 날이 있고 눈 내리는 날이 있다

해종일 구름과 구름 사이 숨바꼭질했다가
사라지듯 경건하지 않은 하루가 없다
내 기분이 안 좋고 화가 난다고
하루를 타박하지 말 일이다
저녁은 천천히 왔으면 좋겠다
나도 같은 처지라
비스듬히 기울어진 노을에다
받침대를 세워주고 싶다

음력

옛날 사람들
즐거운 일이나 기쁜 일들
다 음력에 모여 있다
농부들의 영농수첩엔 잔설이 희끗하고
일소가 밭고랑에 멈춰 서서
김이 무럭무럭 나는 오줌을 시원스레 누고
볍씨들이 물에 둥둥 뜨거나 가라앉는다

할머니 좋아하던 꽃나무들도
어머니 좋아하던 산나물들도
다 음력에서 피고 음력의 봄볕에서 돋는다
결혼식도 생일날도 하물며 돌아가신 기일들도
모두 음력에 모여있다
메모지처럼 붙어있다
잊고 넘어가는 날짜들은
대부분 양력들이다

이쯤 되면 나도 망설여지는 것이다

이미 지나온 날들이야 그렇다 치더라도

세상 끝내는 날

어느 달 어느 날을 기억하기보다는

동지섣달 지나고

오뉴월 땡볕도 지나고

칠팔월 농사철도 다 보내고

한가한 어느 달

일생이었으면 하는 것이다

반복

서울시 금천구 시흥초등학교
텅 빈 교정에만 들어가면
아직도 난 12살 소녀다
아침 7시 30분 무거운 보자기 가방 메고
교문에 들어선다

고목나무 한 그루 수위처럼 서서
팔짱을 끼고 있다
회색 담장을 거뭇거뭇 기어오르는
이끼는 수다스럽고
지문이 닳아진 시소와 철봉엔
아이들 대신 바람이 매달려 놀고 있다

등나무 휘감고 오르던 능소화가
화들짝 놀라며 나를 쳐다본다
4학년 별반에 들어서니
거미줄 몇 겹씩 집을 짓고

선생님을 기다린다

드문드문 붙어 있는 벽보에
글 솜씨들 앞에 서니
소녀의 눈동자가 동그랗게 커진다
책상에 앉아 어지럽게 쓰인 낙서를
물끄러미 바라본다
짝꿍은 왜 학교에 등교하지 않았을까
그렇구나, 몇십 년째 방학이구나
늙은 소녀가 내 안에 있었구나

두부가 굳어가는 동안

두부가 굳어가는 일은
몽글몽글 하던 구름이 온통 굳어져
소나기를 내리는 일과 같다

소금물로 뭉쳐진 콩물이
네모난 틀 안에서 굳어가는 동안
오전은 막 오후의 담장을 넘어서고
셀 수 없는 꽃잎들이 떨어지고
세상에 딸들이 태어나는 만큼
늙은 엄마들이
생을 떠나기도 한다

모두들 무거운 짐을 진 생이 힘겹다 하지만
그런 무게를 올려놓아야,
눌려야 제 모습을 찾는 두부가 있다
하나로 뭉쳐져서 한 사람의 몫으로 산다는 일은
적당한 무게를 짊어졌을 때만 가능한 일이라고

굳어가는 두부가 물기를 똑똑 흘리며 알려준다

그런 두부가 굳어가는 동안
짧은 일들과 긴 일들이
동시에 일어나기도 한다

모가 나게 자신의 태도를 밝히는데
두부를 비유하는 것을 보니
태강즉절太剛則折*은 뒤로하고
부드러움이 저리 한 모로 뭉쳐지기도
힘든 일이다

---

* 너무 세거나 뻣뻣하면 꺾이기 쉽다

그녀가 있는 그림

그녀가 기억을 더듬는 것이 아니라
기억이 그녀를 더듬었을 뿐이다
빗살무늬를 그리며
졸졸 흐르던 유년
회유하듯 역류한다

무논 싹둑 잘라낸 벼 밑동에 걸터앉아
허공에서 허공을 캐내듯
어둠의 깊은 골짜기에서
여기를 망각한 채
해맑은 소녀가 되었다가
어린아이가 되어
그날에 흠뻑 빠져 있으면
저녁이 시나브로 마중 나와있다

적요의 노을 이는 것처럼
슬픔이 한꺼번에 밀려온다

화들짝 놀라 검붉은 것을
온몸으로 받고 있다
기억이 다시 쭈글쭈글해진다
그녀가 다시 그녀를 빠져나온다

매 맞는 일

세상엔
매 맞는 일이 없어야겠지만
피치 못할 매도 있다
가을이면 긴 장대로 매를 맞던 밤나무들이나
늦가을 타작으로 두들겨 맞던 서리태 콩들
실컷 두들겨 맞아야
노긋노긋 해지는 마른 북어

그렇지만
즐거운 장단으로 매를 맞던
다듬잇돌 위의 이불호청과 옷감들
식물의 줄기로 짠 씨줄과 날줄
그 성긴 틈을 메우던 다듬이질
기어이 남은 질긴 껍질로 지은 옷들은
맞을수록 부드러워지고 반듯해진다
그건 엄마의 리듬 속에서 불리던
고된 시집살이를 거들어주던

엄마의 반주였을 것이다
어쩌자고 그 리듬과 울적한 심사를 물려받아서
가끔은 다듬잇돌 속, 가득 찬 리듬을
덜어내야 하는 때가 있는 것이다

로댕 이야기

며칠 전 오른팔 팔꿈치를 왼쪽 무릎에 얹어놓고
턱에 손을 괴인 고개 숙인 사나이
푸르딩딩한 모습으로 버젓이 집 앞 지키고 앉아있더니
대문 문패가 바뀐 날 구겨진 폐지 속에 박혀있네

깡마른 햇살 틈으로 비추는 육탈된 그 남자
질린 사색으로 추레하게 돌아앉아있어
떠돌이 새들만 분주하게 날아든다

제 몸 짓이긴 폐지 걷어내고
햇살 감기는 언덕 자리하고 앉아서
무슨 말을 한다
에구머니 100년 전 로댕이다
로댕을 들어본 일도 없는 여자를 나무라는 말일까
아니면 고맙다는 말인가

아침저녁으로 만나는 그 남자

물컹한 고독한 모습으로
노숙자 되어 생각하는 사람 되어 있다.

약속

약속을 하고 한참이 흐른 후에
그 약속을 잊어버린다
미래에 있을 어느 날을 미리 잡아둔 일인데
어느새 미래였던 날짜는 다시
어제가 되어버리고 말았다

감나무에 가을빛이 새겨 들었다
약속에 관해서라면 식물들이 최고다
어떻게 그 날짜들을 기억하고
작년에 왔던 그 꽃들이 다시
올 몸의 나무에 찾아와 꽃 피더니
제날짜쯤에 돌아가고
열매들이 그 나무 그 가지에 또 찾아왔었다

가을이 오고
울긋불긋한 가을빛이
한 치의 오차도 없이 또 찾아왔다

그러니 세상의 약속들
너무 많다

일 년에 몇 개의 약속만 있다면 좋겠다
꽃 피는 즈음과
풋감이 뚝뚝 떨어지는 그쯤
또 태양 하나가 온전히 터지지도 않고
홍시 속으로 들어가는 때
그런 절기들에만
약속할 수 있다면 좋겠다

모노드라마

하루치 삶의 양을 배당받고
그녀는 천연덕스럽게 연기를 한다
네모 반듯한 방에는 이동식 변기와 침대
손때 묻은 엔틱장 잡동사니가 든 반닫이

밋밋한 벽 한쪽에는 노장 박화가 님이
선물로 주신 액자
그 그림 속 쪽창 밖으로
흐드러지게 핀 목 백일홍 나무를 보면서
두 여인이 베틀을 짜고 있다

그럴듯한 무대장치와 호박등 LED가
은은히 비쳐주는 조명 아래서
그녀와 그의 어머니는
액자 속으로 들어가 연기 중
그녀는 행복 액셀을 밟고 천상을 나르고 있다
한 사람의 관객은 촉촉하게 눈가를 적시고 있다

열아홉 개의 구멍

골목 어귀에 쌓아 놓은 연탄재
저 연탄 한 장에는
열아홉 개의 별이 있었다
열 집이면 아홉 집 아랫목이 없는 집들이 되었지만
저 빈 연탄재는 아랫목을 기억하고 있다
작은 별 밭 하나가 아홉 집
아랫목을 밤새 덥힌 흔적이
고스란히 남아있다

수십억 년을 묵힌 땅속의 연대기가
홑겹의 몸속, 그 앙상한 뼈를 덥히기까지
밤하늘 보다 더 아득하고 어두운
막장을 뒤진 채굴이 있었다
모든 불빛은 어둠이 소용처이듯
따뜻한 아랫목 또한 냉방이 그 소용처이다
쌓아 놓은 연탄재 위로 뜨거움을 다
연소한 재인 양 흰 눈이 내려앉고 있다

포클레인

오만의 도를 넘어
양보 신호를 보내고
클랙슨을 울려도
굉음과 무관심을 반복하고
도로를 유유자적하며
산비탈도 험준한 암벽도 거침없이 오르던 그가
목뼈가 부러지고
관절에 금이 가고
구석구석 연결된 미세한 회로 같은 신경줄이 끊긴 채로
백리철강 한쪽 마당에 거미처럼 웅크리고 있다

그의 몰골은 이미 생을 다하기 직전인데
무슨 생각을 하고 있을까
욕망이 무너지면 저렇게 속수무책일까
폭력의 광기가 천천히 녹슬어 가고 있다

4부
내 몸이 병이다

내 몸이 병이다

어제는 전염병 백신을 맞고
오늘은 친구의 병문안을 다녀왔다
온통 병을 걱정하다 집에 오면
내 몸엔 온갖 병이 숨어 있는 것 같다
살면서 아픈 타인의 마음을
위로에 묻혀 왔으니
걱정만큼 큰 병이 없다 했으니
또 참고 사는 삶도
알고 보면 병들과 함께 사는 것이니
우리 모두는 아픈 나날을 숨기며 산다

그러나 한편으로 생각하면
모든 치유는 병의 끝에 있다
같은 아픔을 자주 겪다 보면
병도 사람도 때로 무심해진다

가끔은 손님처럼 제풀에 꺾여 돌아가고

극진히 대접하다 보면
훌훌 떨고 일어나는 것이다
또 어떨 때는 피로에 지친 잔병이
내 몸에 이불을 깔고
한나절 앓다 가는 날도 있으니
낯 모르는 병이라고 너무들
호들갑을 떨지 말 일이다

기울어지는 편애

낡고 기울어지는 것들을 보면 왠지 혈육 같아서
그 옆에서 한참을 같이 앉아있고 싶을 때가 있다
서거나 앉은 자리를 힘겨워 한때
튼튼한 못을 박아 대듯
엄살 섞인 신음을 온몸에 박아 넣을 때
그것들은 그 힘으로 일어서고 눕는다

날깃해진 분신 같은 옷 몇 벌
똘똘 뭉쳐서 장롱 속에 넣어놓은 것들은
몇 해를 그대로 쉬었다
그러는 동안 단 한 군데도
뜯어지거나 바래진 곳이 없다

덧대고 덧댄 상처들로
여전히 서있는 소금창고를 본다
순백의 소금 포대를 쌓아 놓거나
싱거운 것들의 밑간을 자처하는 짭짤한

참견들을 쌓아 놓고 있는 낡은 집 지붕
바람이 삐걱삐걱 피해 가고
넓디넓은 하늘에서 퍼붓는 빗줄기
다 받아 본 뒤 끝이라는 것
바람도 뙤약볕도 폭우도
다 낯이 익어서 드나드는데
그런 기울어진 집 한 채엔
수십 포대의 햇살 결정에 쌓여있다

미래는 과거의 놀이들이었을까

어려서 했던 소꿉놀이
빨리 어른이 되고 싶었을까
어쩌면 겪지도 않은 먼 미래를
흉내 내는 일이었을 것이다

앞치마를 두르고
미래의 착한 아낙을 흉내 냈던 놀이
사금파리 위에 고봉으로
아카시아꽃을 차려냈었던가
꽃만 먹고도 살 수 있는 미래가
있을 것이라고 믿고 있었던가

흉내 내지 않았던 것들이
너무 많이 따라와 있는 미래
그때의 그릇들은 다 깨어지고 없지만
아직도 눈가엔 깨진 사금파리들이
찡긋거리는 햇살처럼 남아있다

흉내 내보지 않은 일들을
척척해내는 사람들이 너무 많을 때
과거를 다시 놀아줄
소꿉동무가 그리운 날이 있다

마음껏

마음껏이란 말
오래 참고들 있다
마음껏 숨을 들이쉬고 내쉬는 일
떠들고 웃는 일에 꾹꾹 참고들 있다
굵은 숨 들이쉬고 내쉬고 있다
5억2천만 평방㎡의 지구
자연 어디에도 인간을 위한 숨이 없다
공장의 굴뚝이 끼어들고
셀 수 없이 많은 자동차들이
가다 서다를 반복하는 사이
마음껏을 마음껏으로 쓰지 못한다

마음은 점점 살이 찌고
그 마음을 담아 놓은 마음 통은 또 비좁아진다
넘쳐 나다 못해 그 속이
점점 멀어지며 상해간다
마음은 마음 통에 오래 담아 두면 안 된다

모자라야 마음을 받아들이고
서로를 나누는 것이다
작고 쪼가리 진 마음껏 들만 쓰다 보니
세상도 갈수록 좁아지고
가까운 곳들도 점점 멀어진다

오늘 하루쯤 바꾸기로 했다

두 마리 개들의 이름을 서로 바꾸어 불러보고
꽃을 너라고 부르고
내일은 어제라고 부르기로 했다

이 세상의 이런 일 저런 일
또는 이모저모든
모두 내가 있어 결정된 일들이고 관계들이니
나를 바뀌지 않는 한
절대 바뀌지 않는 것들이다

나라는 존재는
세상 모든 일들의 중심
그것들이 주인이다

언덕 위 자그마한 내 일터
엄동설한에 수도꼭지에서 졸졸 나오는 물줄기
너희들은 뭐라고 불러줄까

그런 것들의 주인으로 바쁘고
내가 없으면 아무것도 아닌 것들
그런 것들을 위해서라도
하루쯤 바꾸는 것도 괜찮을 것 같다

앞서거니 뒤서는 일

모란이 지자 이내
작약이 핀다

모란을 수습하는 방식은
작약의 호들갑에 또 취하는 것이다
이렇듯 연이어 혹은 앞과 뒤를
청해 오는 꽃들이 있다
영영 만나지 못할 것들이
한 화단에서 핀다

앞선 일을 두고 매년 모란을 끓으려는 사람이 있다
너무 짧아서 얼굴 대신 본 역모엔
어떤 나비도 앉지 않는다고
매정하다고 뚝뚝 모란을 떨구는 사람이 있다

공평하게 계절을 나누어 쓰는
오월과 유월의 화단

순서가 이러하니
어느 꽃에 마음 두어야 할지
어느 이파리에 마음 접어야 할지
앞서거니 뒤서는 고민을 앓는 것이다

세상의 순서를 모르는 사람이 있다면
모란 앞에서 사월 하순을 배우고
작약 앞에서 오월 중순을 배워야 한다

꽃송아리가 유독 큰
사월과 오월
그 꽃들 진자리도 그만큼 크다

쉬운 일

세상의 쉬운 일들은
다 어디서 오는가

복잡한 서적이나 기술의 분야
혹은 오랜 연습 결과 속에서
불쑥 나를 찾아오는 것인가
따지고 보면 쉬운 일들이란
지극히 어려운 일들에서 나온다

언감생심, 두려운 일이
가장 편리한 일이 되기까진
두려움이 반질반질하게 닳고
눈을 감아도 어떤 과정을
더듬지 않아야 한다

어려운 일이 쉬운 일이 되는 일
나무가 위로 자라고

바위가 꿈쩍도 않으며

아래로만 흐르는 물 같은 그런 쉬운 일

쉬운 일들이 사용방법은 다만 헤아리는 일일 것이다

쉬운 일들이 많아진다는 것은

그만큼의 어려운 일들의 양보가 있기 때문이라고 생각한다

방의 기댈 언덕

사람에게 기댈 언덕이 필요하듯
네 곳의 기둥과 옹색한 홑겹 지붕을 얹은
좁은 방 한 칸도 사실
기댈 언덕 같은 것이 필요하다

여차하면 몇 달 무일푼의 날을
잠시 기대다 가는 그런 언덕 같은
몇 푼 안 되는 보증금을 걸고
바람을 돌려세우는 벽
궁색과 안도가 같은 문을 열고
드나들 수 있는 한 칸의 문

하루 종일 바깥을 돌다
안쪽에 들어 얇은 벽에
그림자로 기대어 앉는
그런 저녁을 위한 언덕

사람 사이의 언덕이란 얼마나 구차하고 비굴한 곳인가
오후의 햇살을 겨우 받치고 있는 그늘 한쪽 얻으러 가서
몇 배나 더 어두운 그늘로 돌아오던
그런 언덕일랑 필요 없다
다만, 한낮의 나무들이 땅바닥에
제 그림자를 기대어 놓듯
낮고 좁은 방 한 칸이 기대고 있는
제 살 깎아 먹는 여유란
얼마나 힘이 센가

일터

사람의 일에는
문명이 있습니다
인간 생활을 영위하기 위해
일에는 늘 지출의 재촉이 있습니다
일의 동력에는 잡다한 것들이 많아서
가령 두부 한 모가 있고
낡은 구두의 남루가 있고
예정 없는 아픔이 있어 병원비가 있고
그리고 나이 들어 갈수록 필요하다는
품위유지비가 필요합니다

그러나 동물들은
배고픔이 일터입니다
초식동물은 파란 풀이 일터이고
포식동물은 숨죽이며 기다리는 사냥이 일터입니다
물고기는 여울을 오르는 일이 일터이고
집에서 기르는 돼지는 살이 찌는 일이 일일 것입니다

다 배고픔이 가장 큰 일터입니다
일터란 일이 모여 있는 곳이지만
지구는 우주에서도 거대한 일터입니다
계산도 타산도 없는 일터를 갖고 있습니다
수컷 암컷을 분별할 수 없는
어릴 때부터 꿩의 색깔을 관찰하는 일
꽁지깃이 길어지는 일을 확인하는
오색이 깃든 몰두가
가장 즐거운 일터입니다

말의 길이

말 중엔 짧은 말도 있지만
한참을 들어야 하는 길고 긴 말도 알고 보면
세 치의 혀에서 나오는 말들이다

그렇지만 어떤 하찮은 말이나
무덤덤한 말, 무심코 내뱉는 말도
세 치의 길이를 지나는 동안 만들어졌다는 것이다

세 치, 겨우 짧은 못 하나의 길이지만
자칫 그 길이의 말에 못 박히면
평생을 가도 뽑아지지 않는다

꽝꽝 몇 번의 망치질 끝에서만
그 말들이 박힌다고 생각하면
세 치 혀의 길이는 몇백 리가 될 수도 있다

길고 긴 말 하나가 빠지지 않는 시간도

때에 따라서는 고작 한 뼘도 안 되는 길이여서
문득, 내뱉으려는 말을 황급히 되삼키는데
또 몇십 년이 걸리기도 한다

세 치 혀에는 얼마나 많은 말들이 있는가
동가홍상同價紅裳이라고
덕담을 많이 담아야겠다

망각

어둠을 동그랗게 감싸 안은 산기슭
바람만이 쓸어내리는 눈 덮인 봉분
입구나 출구를 지운 풀들만이 오래된 기억을 키우고
가끔 새들과 화사한 배롱나무들이 마실을 와서
노파의 울연한 마음을 삭혀내고 있다
서러움은 낡아서 흩어졌다
그러나 쓸쓸함과 외로움은
완전히 몸을 떠나지 못하고
포란한 듯 껴안은 채 이곳의 그녀의 마지막을 암시한다

또다시 겨울이 오면 망각 위에 망각이 쌓인다
살아있든 죽어 있든 혈족은 이미 하나둘 끊겼다
언젠가 무덤이 낮아지고 낮아져서
그 자리에 마루턱 되면 망각이 완성일 거다
아니 처음부터 그랬을 거다

5부
속눈썹의 일

속눈썹의 일

속눈썹의 일은 매일
눈 밖을 쓸어 내는 일입니다
눈 안으로 들어오려는 볼썽사나운 일을
눈 밖으로 조용히 타일러 보내는 일입니다
긴 속눈썹이 듬뿍 들어 있는 사람도
눈시울에 마스카라를 칠하거나
속눈썹을 다는 이유는
우선 눈을 보호도 하고 선명하게 아름답게 보이려는
일석이조를 바랄 것입니다

눈썹의 일은 중요합니다
매년 바뀌는 아이들의 얼굴이나
오래 헤어졌다 만나는 사람들의 얼굴을
쉽게 알아볼 수 있는 것도
나이들어 아침신문을 볼 수 있는 것
카톡으로 벗들과 안부를 주고받는 것도 모두
매일 눈의 안쪽과 바깥을 닦는 속눈썹의 덕분입니다

그런 속눈썹의 뒤엔
칠흑보다 더 어두운 밤이 있습니다
어떤, 눈을 찌르는 햇살의 낮도
눈썹을 들추고 제멋대로 들어올 수는 없습니다

무수한 아침을 여는 일
어둠에도 길을 가르는 일
내 눈물을 다독이는 속눈썹입니다

소금

엄마는 소금을 더 넣으려 하고
나는 덜 넣으려고 한다

이른 봄보리고추장을 담을 때면
삶은 보리쌀을 볏짚에 쌓아 발효를 시켜
맵고 짠 재료들을 보리밥 반찬인 양 잘 섞은 다음
우묵한 항아리에 넣고
웃소금을 수북하게 얹고
얇은 광목천으로 꽁꽁 매 놓는 엄마

그런 엄마는 짜고 옹골찬 맛을
오래 아껴 먹으려 하고
오이, 참외로 쉽게 상하는 것들을
염장하고 발효시키는 사람
그에 비해 나는 여전히
싱거운 부피에 애착을 두고 있는 사람

엄마는 꽃밭에서 데치고 절여 먹을 수 있는
시금치, 오이를 찾고
나는 그 귀한 나물들 속에서도
노란 쑥갓 꽃, 보라색 가지 꽃만 예쁘다고 찾는 사람

엄마는 좋고 예쁜 것들
자꾸 뒤로 미루고 아껴두는 사람
나는 훗날 따위는 생각도 않고
아끼지 못하는 사람이었지만
어쩌나, 내가 엄마 나이가 되고 보니
나는 없고 엄마를 따라 하는 사람만 있다

엄마는 돌아가셔서도 소금같이 짠 울음을
지금도 찔끔, 내게 보내주는 사람.

우치

하필 창밖에 미세먼지까지 끼어 우울하게 할까
오금이 저리고 욱신거리는 머릿골
뼈마디가 삭아진다

한 개의 우치 때문이라는 걸 직감한다

초조함은 절박함에서 온다
태연한 손놀림으로 마취가 시작된다
불특정 다수인들의 입에 들락거렸을 핀셋은
소독했을까
깊숙이 뿌리내렸을 기억까지 건드린다
지금의 나보다 젊고 싱싱하다

이빨 빠진 꿈을 꿀 때마다 키가 쑥쑥 자란다고 했다
일곱 살 빠진 앞니 하나 곱게 여미어
초가지붕에 올리던 어머니 모습이 타임머신을 탄다

여물을 씹듯 되새김질하던 단단한 기억들
다 어디로 갔나
내 미각의 근원들 뽑히고 말았다
그런데 하나도 얼얼하지 않다
솜이 빨아들인 울음만 흥건하다

그림자

나는 흐린 사람일까
아니면 맑은 사람일까
아무리 맑아도 흐린 구석 하나쯤 있다고
그림자가 검게 따라다닌다
빛에만 존재하니까
어둠의 한 족속일 것 같다

빛에 가려진 나를 따라
대신 그림자로 나타나
분신처럼 와 있는 유일한 나
추양, 서늘한 바람 등에 지고
나와 그림자는 걸어가고 있다
묻는다 나는 어떤 사람이냐고
어쩌면 지구에 살고 있는 사람의 숫자보다
그림자가 턱없이 부족한지도 모른다

흐린 날이나 어둠에는 보이지 않는 그림자는

잠깐 동안 나 아닌 다른 사람의 그림자로
불려 갔다 오는 지도 모른다
하나의 그림자를 놓고
저쪽 지구의 반대편에 사는 어떤 이와
서로 잠깐씩 빌려 쓰고 있는지도 모른다
어떨 땐 앞에 서고
또 어떨 땐 뒤에서 묵묵히 따라오는
나의 어두운 사람
덕분에 나는 조금씩 더 밝아지고 있다

흰 개, 장군이

흰 개는 눈 내리는 날과 아주 가까운 것 같다
흰 눈이 펄펄 내리는 날 인양
온몸에 폭설을 묻히고 태어났다

길쭉한 다리와 귀골로 태어난 흰 개 이름은 장군이
개를 비유한 수많은 말 중
사람보다 낫다는 표현이 제격인 장군
이는 십오 년 식구같이 산다
눈치가 백단이다
사람의 쓴 말과 단 말을 다 알아듣는다

귀로 듣는 일보다 꼬리로 듣는 일이 더 많다

어렸을 때는 사람의 목소리를 지키고
늙어서는 사람의 마음을 지킨다
검은 곳엔 한 번도 돌아다니지 않았다는 듯
밤이면 어렴풋한 색과 희끄무레한 빛이

장군이에게로 모여드는데
어떤 검은 밤도
그 색깔을 검은색으로 데려가지는 못한다

흰색에 커다란 검은 눈 두 개는
밤처럼 캄캄해 보이지만
어떤 얼굴도 가려내는 등불 같다

주인의 마음을 읽을 줄 아는 흰 개는
어느 날엔 주인의 슬픔에서 꼬리를 말고 누워있고
또 어느 날엔 주인의 즐거움에서
귀를 쫑긋거리기도 한다

발바닥은 분홍색 꽃송이 같고
혓바닥은 꽃잎 같다

흰 꼬리에는 온통 반가운 것들만 가득 묻혀 있는 듯

식구들만 보면 흔들어댄다
그런 개는 누런색 개와 친구다
같은 목소리를 주인으로 두고 있다

장끼와 까투리

장끼는 봄부터 여름을 거쳐
가을까지 계절을
저의 털에 쌓아두고 있다
반면 까투리는 어느 쓸쓸한 가을 산
어른거리는 위장색이다

장끼는 봄부터 가을까지
제 얼룩진 깃털로 두루 돌아다니기 바쁘고
까투리는 따뜻한 알을 품는다
무작위로 품고 일렬로 키운다

장끼는 만산홍엽 일갈—喝이다
특히, 여름과 가을 숲이
깃털을 탐내며 색색의 공부를 청해도
후다닥 날아오르기 바쁘다
옆도 뒤도 못 보는 일목장군이다

누렁이, 범돌이

마을 곳곳과 온 문들을 드나드는 누런색 개의 발걸음
얼굴들과 목소리를 일일이 참견하는 개다

온갖 곳들의 색을 묻혀 태어난 듯 가을 풀숲에 숨으면
그대로 늦가을인 듯
자칫하면 겨울로 달아날 것만 같다

늦가을 호박 줄기처럼 질겨서 악바리라 불린다

꼬리는 마치 억새 끝인 듯 하늘을 향해 나풀거리고
잔뜩 흐린 날을 쓸어내는 빗자루같이
하루 종일 허공을 쓸고 다닌다
질투와 샘이 많아서 자질구레한 물건 하나까지도
뒷발을 들고 영역을 표시해 놓는다

온 동네를 묻혀 들어오는 개,
쇠줄에 묶인 개들의 울음소리를 풀어주고

그런 개들이 가보지 못한 구석구석을
알려주려 보여주려
온 동네 개 들을 찾아다니는 개

언젠간 누렇게 물든 가을 속으로 사라질 것만 같은 개
내 마음에서 혹은 내 눈에서
가을 풀숲처럼 바스락거리며 돌아다닐 것 같은 개

그런 누런색 범돌이는 흰색의 장군이와 친구다
깊은 목소리를 주인으로 두고 따른다

풀벌레라는 날짜

온통 우거지기만 하던 여름 풀숲에
선선한 가을 날씨가 들고
빽빽한 달력 속 날짜들마다
여치니 쓰르라미니 하는 곤충들이 매달려 운다

초가을 풀숲에 들어
저마다의 마감 기한으로 울어 댄다

저녁매미 쓰르라미 쓰르라미
한 밤의 기운이 적연하다
가을 여치의 쓰르라미 소리가 나면 풀벌레라는 날짜들
요란하게 우는 것은 그만큼
찬바람이 촉박해졌다는 뜻이겠지

빨간 날짜들인 양 고추잠자리 날고
11일이나 12일 같이 모두
두 짝의 날개를 펴며 운다

겨울은 울음이 없는 계절
늦여름에서 가을까지만 허락된 울음들이
휴일도 없이 바쁜데
그중 몇몇의 날짜엔
날개가 떨어져 있다
곧 이파리가 떨어진 앙상한 날짜들이
뒷장 없는 달력 속에서
부르르 떠는 날이 멀지 않았다

꿩의 바람꽃

나무들 사이에 숲이 있고
숲 사이 오솔길 있듯
이 땅에는
이 나라 숲에는
짐승을 어여삐 보아
짐승을 닮은 식물 이름들이 많다

꿩의 바람꽃도 그중 하나여서
꿩 우는소리를 바람에게 전해 듣는다
갈수록 꿩의 개체 수가 줄고 있다면
꿩의 바람꽃도 꿩과 같이
사라지고 있을 것이다

꿩의 다리같이 앙상한 꽃대 위에
흰 촛불 같은 꽃을 밝히고
서로 이름을 나누어 쓸지도 모르는
꿩 울음소리를 기다린다

노루귀, 봄까치풀, 흰하늘매발톱, 노란제비꽃
숲에는 한 이름으로 같이 쓰는 존재들이 많다
주로 짐승들이 꽃에 세 들어 살거나
짐승에 꽃이 곁살이로 산다

거칠어진 말을 곱게 빗질해 주거나
흩어진 생각을 외가닥으로 모아주기도 한다
꿩과 바람이 얹혀사는
그 여린 꽃 대궁을 흔들면
푸드득 꿩 한 마리
날아갈 것 같다

즐거운 곳

유월, 꽃 핀 곳마다
즐거운 곳이라고 무더기로 모여있다
아이는 온몸이 즐거운 곳이어서
간지럽히는 곳들마다 즐겁다
발바닥과 겨드랑이와
옆구리, 그리고 웃긴 말투들마다
깔깔거리고 웃는다
즐거운 곳들은 남겨지는 뒤끝이 된다
그곳들, 쓸쓸한 곳들이 된다

쓸쓸한 곳들이란
미처 따라가지 못하고 남겨진 곳들이다
돌아보면 그런 곳들은 곳곳에 있다
손과 발이 버리고 온 곳들을
마음으로 서성이다 보면
즐거움이 바닥난 기억들마다
구부러진 슬픔이 앉아있다

활짝 핀 꽃들이 웃던 곳들마다
파란 열매들이 침묵으로 남는다

그럴 때일수록 즐거웠던 때를
회상하는 모임에 자주 참석하는 것이다

계단

계단은 여전히 싱싱하다
늙지도 젊지도 않은 한 여자가
육 교 계 단 을 헉 헉 대 며 올 라 가 고 있 다

딛고 온 계단을 내려다보고
올라가야 할 육교를 한 번 올려다보고
거친 숨소리
살 한 점의 무게를 떼어낸다
간신히 붙어있는 가느다란 힘줄이
삭은 고무줄처럼 당겨진다

무 릎 관 절 은 신 음 하 듯 앓 는 소 리 하 고 있 다

그 여자가 끊고 싶어도 끊을 수 없다
계단 너머 공장이 있고
시들한 살림살이
가난한 여자와 두 아이가 있다

계단만이 알 수 있는 그녀의 아픔

국경처럼 육교가 서있다.

6부
백일짜리 달력

백일짜리 달력

딱 백일만 표시한 여름 달력이 있다
아니 그즈음이 표시된 한 그루 달력이 있다
목단 꽃 한 아름 흉물스럽게
여름이 품에서 허물어질 때
소박하고 조용하게 피어나 장기 체류하는 백일홍
애호박 하나가 늙는 모습을 보고 가는 꽃
황경을 뛰는 사과와 놀거나
뚝뚝 떨어지는 낙과들
피식피식 웃으며 세는 꽃
대부분의 꽃이 열흘 짜리 개화를 서두를 때
찬바람 근처까지 마당을 밝히며
피곤한 저녁을 위로해 주는 꽃

서글픈 일정이 있다면
저 환한 위로가 결정인 백일의 날짜 중에서 치를 것
울 일과 웃을 일 또한 함께 치를 것
온통 붉은 날짜만 가득한

백일짜리 꽃달력
마당의 저녁이 한발 늦은 이유도
다 저 꽃의 달력 때문인 것이다

소금 몇 포대

소금을 가득 실은 트럭이
햇살 포장 가득한 봄날을 달린다
태양이 그 먼 거리를 달려와
매일매일 노동을 한다는
증거물인 소금은 기세가 등등하다

무성한 여름 쪽으로 달려가는 소금 포대들,
어떤 풀숲도 무섭지 않다
소금들은 흰색의 햇볕이다

파란 밀물 끌어들여 응결시키는 태양의 이복 햇살이다
싱거운 것들이 무성한 일들이라면
짠맛 나는 것들은 겹겹이 들어차는 일이고
빈 곳들을 시간을 채우겠다는 것이다
뙤약볕에 식물들이 축축 늘어지는 일도
햇볕이 소금의 설계도라는 증거일 것이다

상호 간의 작용을 연결 짓는 소금
저 소금 몇 포대면, 쉬이 상하는
여름의 갈피를 툭툭 소금 쳐가며
짭짤하게 날 수가 있다
꽁꽁 걸어닫는 문처럼
장독대의 고추장 된장들도
제맛을 끙끙 여미며 몇 년을 나는
일들의 뒤끝엔 어디선가 밀물들이 톡톡
소금꽃으로 피는 소리가 들릴듯하다

뒷밭

집에 없는 엄마를
늘 뒷밭에서 찾았었지
불러도 대답 없는 엄마를
메아리처럼 뒷밭에서 보곤 했지

엄마는 늘 뒷밭에서
토실한 햇살을 뒤로하고
쌩쌩 한나절을 지나
막 내려앉는 저녁 빛을 매거나
뒷산 끝에 걸리던
불그스름한 햇빛을 뜯곤 했었지

뒷밭에서 불쑥 나온 엄마가
우물가에서 푸성귀를 씻거나
흙 묻은 고무신을 씻곤 했었지

지금도 빈집에 들러 엄마를 부르면

뒷밭에서 수건을 탁탁 털면서 나올 것만 같은데
빈 저녁 어스름에도
엄마는 없고
번갯불 콩 볶는다고
늘 소 한 마리를 가슴에 메어두라던,
천천히, 서두르지 말라던
그 목소리만 들린다
낯익은 목소리 이곳저곳 남겨놓고
뒷밭에 남겨진 정겨운 목소리 그립다

내시경

코로 길게 숨을 들이마시고
입으로 후~욱 품어 내세요
간호사의 구령에 맞추어
들숨과 날숨이 반복되는 동안
의사의 손놀림이 바쁘게 움직인다

촉을 단 5mm의 가는 쇠줄이
목구멍으로 밧줄을 내리듯 내려가서
보이지 않는 어둠의 깊은 속까지 들어가
텅 비어 쭈글쭈글해진 비밀 하나를
구석구석 헤집는다

오장육부가 뒤틀려 꺼억꺼억
짐승 하나가 울부짖는다
고통의 한계에 닿은 것일까
의사는 쇠줄을 쭉 뽑아낸다
만성이 된 슬픔이

털을 잔뜩 세우고 있다
신경성 위염입니다

잠시 다짐한다
식탐을 버리자
신경 따윈 버리자
심신의 허기를 먹거리로 채우는,
즐거움이 주는 뒷맛이 쓸쓸하다

솜구름

여름 내 그늘 만들어 준
적갈색 파라솔을 접고 나니
늦가을이 왔다
그런 늦가을 볕을 덮고
나도 모르게 깜빡 졸다가 일어났다
이 가볍고 따뜻한 햇볕 이불
넓기도 넓어서 서로 끌어당길 필요도 없다

오래전 말갛게 빤 이불 홑청을 갈아 낀 솜이불
서로 자기 앞으로 끌어당겨
발가락이 나오던 그때를 덮어줄 수만 있다면,
하늘을 쳐다보니 솜구름이 보송보송 떠있다

이러니 가을볕이 따뜻하지
무료한 의자도 물들어가는 나무들도
모두 공평하게 덮고 있는 구름 솜
도톰한 하늘 한 채

가끔은 지상에 내려와
지붕이나 처마 끝에서 솜 틀어
다시 하늘로 가져가는 구름솜

세상의 이불 속을 다 채우고도 남을 솜들이
느릿한 속도로 흘러간다

신발

호피 얼룩무늬에 갈색 나비넥타이 두른
굽 낮은 신발 한 켤레가 가지런히 놓여있다

한쪽으로 닳아 허슨해진 신발은
이제나저제나 그녀가 나들이 갈 때만 기다리고 있다

구순하고 두 번째 맞은 그녀의 발걸음이 될 신발은
모두를 거부하고 그녀만 생각할 신발은
무슨 생각 하고 있을까

나뭇가지마다 칸델라를 매달고
사위 눈부시게 하는 4월
움츠렸던 몸, 날개를 펴고
기어오르는 저 탄생의 풀씨 하나를 보면서
그녀는 지금 기억의 등고선을 타고 있다

굽 낮고 허슨해진 신발 신고

봄나들이 갈 수 있는 날 기다리는 마음

한평생 자식들 염려하며 산 그녀는
둥근 절대인 나의 엄마

손톱을 깎으며

내 몸에서 매번
새로운 것이 있다면 그건
손톱일 것이다

생체에서 그냥 생겨 나오는 것으로 여겨진 때도 있으니
새로 자라나서 무뎌지는 손톱은
내 것이면서도 늘 남의 것인 양 감각이 없이 무디다

한때는 또각또각 소리만 들어도
찔끔거리던 마음이 있었다
손이 닿지 않는 등의 외진 곳을 갖다 대던 엄마,
건성건성 긁었던 그 지점은
이젠 먼 기억의 등고선 너머로 넘어가고 없다

그런 일 말고도 손톱 세운 일 많았지만
엄마는 괜한 짓이라 했고
나는 그것들이 오기라고 여겨졌지만

이젠 남의 손끝인 양 멀어진 손톱 끝으로
헐뜯고 할퀴고 싶은 것들마저도 없으련만

숙명처럼 받아들이는 나이가 되어서
깎아도 깎아도 자라 나오는
손톱은 생의 지표인 것만 같아
반가울 때도 있는 것이다

빨래경전

티베트나 네팔 같은 외롭고 높은
고산지대에 가면
바람의 말, 이라는 타르쵸가 있다
얇은 천에 경전을 새겨 넣어
바람이 읽어준다고 한다

문맹 중생들을 위해
바람 문자를 적어 넣은 바람경전은 사실
바람과 인간의 공용 경전이다
시시각각으로 변하는 바람이 분다
사운거리며 나뭇잎들을 보듬는 바람
별안간 진저리 치듯 흐느끼는 바람
전대미문의 성난 파도 소리를 내며
공포로 몰아가기도 하는 바람

파다닥 파다닥 바람이 읽어 주는
숨찬 경전 소리를 들으면

이 땅 가난한 사람들은
산동네에다 집들을 다닥다닥 지었는지
왜 벽으로 담장을 대신했는지 알 것 같다

낮은 마당이나 낡은 시멘트 옥상에
빨아 넣은 빨래들은 또
얼마나 깨끗하고 맑은 경전들인가
바람 부는 날 그 빨래 옆에서
가난하지만 보송보송 마르고 있는
바람경전 소리를 듣는다.

불을 갈다

꺼진 연탄불이나
필라멘트가 끊어진 전구를 갈
어디, 싸늘하게 식은
단칸방이나 캄캄한 방 하나가
숨어 있을 것 같다

그 흐릿한 전구 밑에서
숟가락을 섞었던
그곳엔 잘 생각나지 않는 이름들이
나날들이 정겹게 살고 있을 것만 같다

다시 불씨를 살려 피운 방에서
따뜻할 때, 혹은 갈아끼운
전구의 환한 방에서 밝을 때
어두운 누가, 어두운 이름으로
혼자 울고 있는 것만 같다

이젠, 어린 날들은 너무 멀어졌고
그때의 이름들도 하나둘
세상 밖으로 사라졌다

어두웠으나 밝았던
밝으나 점점 흐릿해져가는 그만큼의 날들
줄어들었다고 생각하면
지금도 불 갈아주고 싶은
방 하나 그리울 때가 있다

그물

무엇을 건져 올리려면
먼저 흘려보내야 한다고 합니다
그물코가 아무리 촘촘해도
미처 빠져나가지 못하는
물방울들도 있다고 합니다

물고기와 물은 같은 색이라
그물에 끌려 올라오는 물고기들을 놓지 않고
물은 끝까지 따라와서 팔딱거리다가
끝내는 꾸덕꾸덕 말라간다고 합니다
아무리 헐렁한 그물 사이에도
빠져나가지 못하는 물도 있어서
그물을 끌어올리는 일이
가장 고되다고 합니다

그건 물 위에 떠서 물 밖을 자처하는 사람들이
물의 속을 끌어올리는 일이라 그럴 것입니다

발버둥 치는 물들의 힘과
온몸을 비트는 물의 끈질긴 힘을
상대하기 때문이라고 합니다

가득찼다는 것
그보다 더 힘겨운 일이 있겠습니까
간혹, 쏟아버리려고만 했지
흘려보내려 하지 않았기 때문입니다
내가 놓아도 나를 놓치거나
떠나지 않는 것들이 분명 있습니다
커다란 구멍의 그물에도 미쳐
빠져나가지 못하는 물방울처럼 말입니다

김영인

서울 출생
상명여고 졸업
한국문인협회 회원
화성서정문학회 회원
편지마을 회원

시집 『구름카페』
『저 강물에 이는 바람소리』(공저) 외 다수
〈한국민족문학상〉(2010) 수상
1028youngink@hanmail.net